그대는 꽃이다

그대는 꽃이다

초판 1쇄 인쇄일 2016년 01월 15일
초판 1쇄 발행일 2016년 01월 20일

글 정해남
펴낸이 양옥매
디자인 황순하

펴낸곳 도서출판 책과나무
출판등록 제2012-000376
주소 서울특별시 마포구 월드컵북로 44길 37 천지빌딩 3층
대표전화 02.372.1537 **팩스** 02.372.1538
이메일 booknamu2007@naver.com
홈페이지 www.booknamu.com
ISBN 979-11-5776-151-7(03810)

이 도서의 국립중앙도서관 출판시도서목록(CIP)은 서지정보유통지원 시스템 홈페이지(http://seoji.nl.go.kr)와 국가자료공동목록시스템 (http://www.nl.go.kr/kolisnet)에서 이용하실 수 있습니다.
(CIP제어번호 : CIP2016001023)

그대는 꽃이다

산정 정해남 시집

책과나무

머리말

소곤소곤

12월이다
을씨년스럽게
덜렁 달력 한 장 남았다

제1집
「별까지 걸어서」에서
뚜벅뚜벅 보폭 큰 세월 거인이 다가와
마지막 한 장 더 뜯기 전에
빚을 갚고 싶다고 했는데도
달이 가고 시간이 갈수록
빚은 더 늘어난다

아직,
반의반도 못 갚은 가족들의 사랑
누님들과 동생, 제수씨,
상화 조카 이하 여러 조카들에게도 빚지고
쏟아지는 별빛, 고운 햇살

풀잎과 안경, 볼펜, 소파에게도 빚지고
그리움과 외로움에도 빚진 것들…….
죽기 전에 갚고 싶다
더 열심히 살아야겠다

미안하다고
감사하다고
사랑한다고

2015년 12월 성탄을 앞두고
들꽃처럼 살고 싶은 화가 시인 정해남

작가의 말

나에게 있어서 책은
늘
소망의 전부였지만
진로를 이끌어 줄 멘토를 만나지 못해
언제나 한구석
휑하니 구멍이 뚫렸습니다

늦깎이 50대 후반에 대학원을 마치고
이어 문단과 화단에 등단했습니다
자화자찬(自畵自讚)이지만
돌이켜 보니 큰일을 한 것 같습니다

계간 「한국작가」 2008년 여름호에
「들꽃이고 싶다」,
「이별은 흔적으로 남고」,
「있는 그대로」 3편으로 등단했습니다

지금 생각해도 부끄럽고 부끄럽습니다
아직도 많이 부족하지만
이제 용기 내어
제2집 「그대는 꽃이다」를 들고
나들이할까 하는데
먼저 등단의 민낯 글에 잠시 머물다 가고자 합니다

들꽃이고 싶다

삶의 무게를 다하는 날까지
그대 기다려 시들지 않는
오로지
그대의 향을 품은
그대의 들꽃이고 싶다
아무도 찾지 않는
깊은 산 호젓한 골짜기
홀로 그대가 그리워

그대의 들꽃이고 싶다
그대만이 나비 되고 벌이 되어
외롭다 홀로 핀 나를
그립다 못 잊어 찾아 주는
그대의 들꽃이고 싶다

이별은 흔적으로 남고

거울 앞에서
이별은 속일 수 없다
노오란 손수건
지울 수 없는 눈물자국
흔적으로 남는다

방황의 발
눈물짓던 자리는
거리에 뒹굴고

헤아릴 수 없는 언어
못다 한 사연은
동구마니 홀로
석양의 긴 그림자로 남는다

있는 그대로

무한히 설레던 어느 날의 당신
한 올 거짓 없는
한 가닥 꾸밈없는
깨끗한 마음, 순수한 모습
있는 그대로 사랑하고 싶다

잔잔하게 물결치는 호수처럼
높고 푸른 하늘 같이
구슬땀 흘리는 당신을
있는 그대로 사랑하고 싶다

하얀 그리움 가슴에 묻어가며
조심스럽게 살아왔던 나날들
푸른 하늘 자락에 묻었던 그날들
그리움으로 풀어헤치는 당신을
있는 그대로 사랑하고 싶다

미국작가 헤밍웨이는
"다 쓴 책은 사살한 사자와 같다"고 했습니다
제2집을 출간하기 위해
6~7개월 동안 사자와 싸워 왔습니다

때로는
굳게 잠긴 문
열리지 않는다고 포기하고도 싶었지만
결코 멈추지 않았습니다
이 보물 창고가
마지막 열쇠로 '찰칵~!' 열리어

날개를 펼칠 수 있으리라 믿기 때문입니다
그 동안 흘린 땀에 의해 사살된 사자
제2집 「그대는 꽃이다」에
아낌없는 박수를 부탁드립니다

맑은 들꽃이고 싶은
화가 시인 배상 정해남

목차

3. 눈이 되고 싶다

4. 거북이 당신

5. 눈물을 허락하소서

6. 아들에게 보내는 편지

7. 별까지 걸어서

8. 우정 시(詩)

01

나를 흔든다

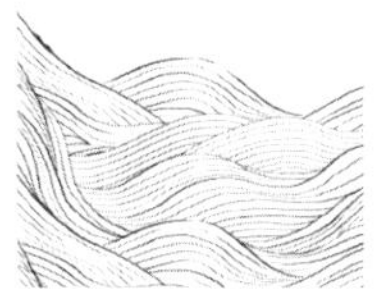

나를 흔든다

바다처럼 넓지도 않은 것이
사탕처럼 달콤하지도 않은 것이
장미처럼 요염하지도 않은 것이
산삼 먹은 힘으로 끌고 간다

자석처럼 끌려간다
오라는 것도 아닌데

너에게 가는 길은
강도 없다 숲도 없다
시계도 없다

보이지도 않은 것이
이것 봐, 이것 봐
나를 흔든다

중독된 그리움

무거운 발길에
밟혀도 자라나는 질긴 생명처럼
퍼내도 솟아나는 시원한 샘물처럼
외로워 휘영청 시린 달처럼

흘러
흘러 그대에게

늘 빈 지갑에 마른 목마름
땀 숭숭 흘린 여름날 갈증에
꿀꺽꿀꺽 중독된
한 잔의 막걸리 같은

고 조그마한 것이

고 조그마한 것이, 마른 풀숲
놀란 까투리 푸드득거림 같이
비를 만나 촉촉하게
육칠월 호박넝쿨처럼
화병 가득 갱년기 몸살 앓듯
붉으락푸르락 뻗어나는구나

시도 때도 없이
소리 죽은 강을 흔드는 바람같이
잠긴 문을 흔든다
소갈머리 없구나

꽃도 아니면서 바보같이
바람도 아니면서 어리석게
향도 아니면서 눈치 없이

오래도록 깊이 덮어 둔 책
그대가 펴는구나

그리움 1

아는 것도 아니고
모르는 것도 아니면서

잊어버린 것도 아니고
잃어버린 것도 아닌데

바람이 바람을 만나듯
물이 물을 만나듯

담 넘고 산 넘어와
내 안에서 꿈틀거린다

한 자리도 잡지 못하고
서성대는 사춘기 소녀처럼

그리움 2

가슴이 먹먹하다
사촌이 땅을 산 것도
임산부의 태기도 아니다

태초 어머니의 젖무덤 같은
따
스
함
멀미나도록 잡고 싶은 아찔한 향기
가녀린 손길 잡고 일어서는 행복

혹여 그대일까
지워진 노래
자꾸만 듣고 싶어
바람이 지나간 그림자를 잡는다

그리움 3

창가에서 턱을 괴면 그려지는 얼굴
잊기엔 아니라고
아니라고 해야겠습니다
호되게 내려친다 해도
아니라고

풀과 나무들도
마음을 감추고
톡톡톡
그 달콤한 물소리 같은 첫사랑
빗물도 속내를 감춘다

잊기엔 아니라고
절대 아니라고

그리움 4

마음 한구석
늘 헛헛한 것은

여러 파편들로 이루어진
너와 지붕 같은
미완성 퍼즐 맞추기

어느 한 조각 주워 맞추면
또 다른 조각이 보챈다
늘 배고픈 허기진 존재

온 것도 아닌데
간 것도 아닌데
밤샘 새벽보다
너를 더 기다린다
로션조차 안 바르고

너를 보내고

너에게
너를 보내고
덜컹거리는 가슴

너는 너를 안고
어떻게 할까

네가 없는 자리
놀란 가슴
바람만 불어도
덜컥

눈보라 긴긴 겨울
어떻게 할까

그립다는 말은

보고 싶다고 할까
사랑한다고 할까

이를테면……
그래서……
그러니까……
아무튼, 그냥이라고 할까

세상의 좋은 말 다 써도
다 못 쓰는
못내 아쉬운
그렁그렁한 말

죄가 될까

너와 나 사이 끝자락에
묻어 있는 한 조각

불현듯 건너
듬뿍 담아 오고 싶다

못내 애틋한
두고 온 마음
.
.
.
이것도 죄가 될까

기다림 1

그대가 간다고
나는 가지 않겠습니다
가려면 가라고,

하려면
하라는 것은
아무래도 아닙니다

떠나간 발자국
멀어지는 만큼

오래도록
더
그리겠습니다

기다림 2

엄마를 부르듯
마음 가득 다정한

터질 듯 부푼
꽃망울인 양
무엇과도 바꿀 수 없는
청정한 이슬 같은

부르는 소리에 그대가 있고
기다리는 몸짓에 내가 있다

강 건너
하늘, 땅
그 목소리

기다림 3

언제나
어디서나
달려올 것 같은

그리움
가득 안고
보슬보슬 비가 내린다

망울에 머문 긴 기다림
곧
터지겠지

맨발로 달려가
빗장을 활짝 연다

기다림 4

바늘에 실 꿰듯
스멀스멀 비 내리는 창가
음악에 취해 커피향이
좁은 틈새 내 안에서
자기 자리인 양 차지해 버릴 때는
벌떡
눈물 나게 그립다, 아마
살랑살랑, 연두색 머플러 두르고
진짜로 찾아올지도 모른다는 설렘은
미처 소화하지 못한
사각거림까지 녹여내고 만다
이 봄에는 오겠지
그대 오는 날
우산마저 던지리라

연필로 썼다면

허공을 부여잡고
불러 보는 이름
숲을 타고 숨어든다

연필로 썼다면
지우기라도 할 것을

도려내고 싶어도
그마저 영영

다시 함께할 날 언제려나
그날이 언제려나
밤샘
떠나간 밥상 앞에 두 손 모은다

사랑 질량의 법칙

눈 마주친
어느 한곳에 점 하나 찍고

숨마저 멈춰 버린 시간
그대는 나를
나는 그대를

불나비처럼
몸 던져 사랑할 즈음

고만고만한 크기
0.1 잘났다고
남실
하얀 파도타고 안녕이라고

슬프지 않을 꽃으로

그대가 떠나도
그대에게로 간다

울타리 섶에 핀
떠오르지 않는 이름
기억조차 멀어지고

지독히 애달픈 사랑보다
더 슬픈 것은 이별

떠나간 밤바람에 강들이 울어도
슬프지 않을
꽃으로 피워나고 싶다

갔습니다

갔습니다
심어만 놓고
시든 모습 보이기 싫어 갔습니다

낡은 지갑과
마른 입술까지 사랑해 주고 갔습니다

울고 웃다가
짙은 저녁노을 따라
수평선 너머로 갔습니다

꽃도 나무도 바람도
사랑했던 너를 기억할 텐데
그냥 서럽게 갔습니다

외롭다는 그대와

적막에 쌓여 숨 조여 오면
고요히 눈 감아도
초롱초롱하게
다독다독 어깨를 두드린다

그대여
바람의 영혼으로 숲을 거닐자
책갈피에 묻어둔 노래
함께 부르자

함께하고 싶은 것은
나도 가슴 시린 한구석
외로운 갈증이 있기 때문이다
외롭다는 그대만큼

당신이 최고야

달이 가고
해가 가고

나이 먹을수록
필요한 것과
필요 없는 것을 알게 된다

머리에 지식은 쌓였으나
지혜롭지 못하여
사랑하지 못했던 많은 것들

당신이 최고야
당신을 사랑해

딱 한 사람 그대

친구 등록 많으면
무슨 소용이랴

어둠에 쌓인 사방
뻥 뚫린 허전한 가슴
누군가에게
벽 없이 털어놓고 싶은 밤

이 사람이 이렇고
저 사람은 저렇고

정작
하늘이 노랗게 무너질 때
눈물 콧물 닦아 줄
딱 한 사람
그대

아직 듣고 싶다

허전한 마음으로 길을 간다
만나야 할 사람도
딱히
만나서 할 말도 없다
툭 한번 그냥
반갑다고 해 볼까
그럼 쨍그랑거리는
시비를 걸어올지도 모른다
그래도 말 건네 보고 싶다
잊힌 듯 잊히지 않은
혹시 그대를 만나
많이 보고 싶었다란 말
아직 듣고 싶다

02

그대는 꽃이다

그대는 꽃이다

어머나
빼꼼한 육교 난간을 붙잡고
배시시 민들레가 피었네

어쩌다가 천형을 살 듯
걷고 싶어도 걷지 못하고
눕고 싶어도 눕지 못하고

울지 마, 그대는 꽃이다
나도 그대 편
바람도 햇살도 그대 편이야
내 어깨를 내어 줄게 그냥 기대
다 잘 될 거야
힘내

한 번쯤

살아가면서 한 번쯤
갑옷 같은 무게 벗고
훨훨 날고 싶은 것을

늦은 밤 해장국집 아주머니
폐지 줍는 구부정한 할머니
어둠 밝히는 노동자
손끝 발끝 마음 놓고 한 번쯤
쉬고 싶은 것을

움츠린 몸
눌린 마음
바람 타고 한 번쯤
벗어나고 싶은 것을
비릿한 갑질에서
벗어나고 싶은 것을

뻔한 거짓말

과음으로 화장실 들락날락
쏟아지는 따가운 눈살에
제 발 저려

"오메~~!
당신이 보내 준 반찬
하도 맛있어서, 이 배 좀 보랑께에~!
산(産)달이여~ 얼마나 맛있던지……."

엄지손가락을 치켜세우니
덩달아 아내의 입꼬리가 올라간다

브레이크 없는 하이패스
방금 닦은 접시도 웃고 있다

그대, 진실로

발목을 다쳐, 한여름에도
긴 부츠를 신는 이가 있다

가벼운 샌들을 벗고
계곡물에 발 담그는 것이
큰 소망인 줄 모르고
겉멋 부리는 사람인 줄로만 안다

보았다고 다 본 것이 아니요
들었다고 다 들은 것이 아니다

그대
진실로
진실을 아는가

잘 산다는 것은

잘 산다는 것은
남을 본다는 것

남을 본다는 것은
사랑한다는 것

사랑한다는 것은
그대가 있어 행복하다고
먼저 생각하는 것

그대와
함께하는 것

운명의 결정

순간을 사랑하라
나도 알고 너도 아는
빤한 듯하면서도
아는 것 하나 없는 인생

두 주먹 불끈 쥐어
제 몸에 회초리

이 앙당그레 꽉 물고
우당탕탕 부셔 버리든지
숨소리조차 없이 침묵하든지
독서로
여행으로
경험으로 자기를 결정하라

빨 래

왕년에 나도 금송아지
키워 보았지만 지금,

일곱 번씩 일흔 번도 더
십자가보다 더 아픈 얼룩
뼈까지 씻어 내며
이마 짓찧으며 운다

뒤엉킨 몸
이미 흘러간 시간들
원죄마저 바람에 맡기며
놓고 싶지 않은 햇살
다시금
포근히 안기고 싶다

혹독한 훈육

별이 강하게 쬐이는 날
고추 몇 포기 심고
멀리 있는 어린 자식 같은 마음

악성(樂聖) 베토벤도
스티브잡스도
봉긋하게 눈 쌓인 지붕의 낙숫물만큼
눈물을 닦았을 것이라고
이겨 낼 거라고
이겨 내야 한다고
그윽하게 눈을 들어
사랑의 물을 준다

일탈을 꿈꾸다

원칙과 정직을 사랑하고
불로소득 원하지 않지만
간혹 무엇엔가 신들린 것처럼
미치고 싶을 때가 있다
로또라도 당첨되어
공부 못하는 이들을 위해 쓰고
탕탕 소리 한번 치고 싶다
오매불망 춘향이가 이 도령 기다리듯
농사꾼이 7년 가뭄 비 기다리듯
이런 기대마저 없다면 이미
고사목 같은 동물이겠지
꿈이라도 좋다
꿈이여 오라

자유 독립 만세

비 내리는 휴일
홀로 집에
혼자만의 생각으로
혼자만을 위해서

리모컨도 자유
식음도 자유
훌훌 모든 것을 떨쳐 버리고
영혼마저 자유롭다

살아 있다는
살아간다는
진정 뿌듯한 혼자만의
자유~ 독립 만세!

갚음

가녀린 가지 끝
흔들리는 한 잎

밟히고
젖었다

보라, 다시
숨을 고르고

태양처럼 뜨겁게
별처럼 반짝이며
달처럼 은은하게

편 도 선

찰떡같이 믿었던 사람이
뜬금없이 돌아서
가시로 박힌 그 세월

말하지 말자고
말해서 뭘 하겠느냐고 입 다물고
조용히
세월 가면 쾌유되겠지

닥터의 "아아, 아~" 하는 소리에
그저 "아아, 아~" 하고

03

눈이 되고 싶다

눈이 되고 싶다

꿈 많은 사람은 눈을 좋아한다
황량한 도시를 떠나
깊은 산속 나만의 눈이 되고 싶다

더 이상 건널 수 없는 벽에는
솜사탕이 되어 녹아내리고
입술 파랗게 떠는 이에게는
훌훌 옷가지 벗어 주며
따뜻한 이불이 되어 주고 싶다

빵 한 조각이 그리워
가슴까지 무너질 때 모락모락
밥이 되어 다시금 힘차게
길을 걸어가게 하고 싶다
하얀 이 내놓고
하하 호호 하얀 세상
나만의 눈이 되고 싶다

미쳐라

새벽길에 밤샌 청년들이
고래고래 소리 지른다
그래, 목구멍까지 컬컬한 고단함을
마음껏 풀어라

내일을 향해
북북 가슴을 찢고
호랑이도 무섭지 않을 젊음에 미쳐라

한 번쯤 삶에
미치지 않으면 미친 것이다
속 창자까지 기쁨에 미치고
두 손 번쩍 자유에 미치고
가슴 절절히 사랑에 미쳐라

뜨겁게 미치고 시리게 미쳐라
실컷 미치고 미친 듯 미쳐라

울지 말자고

뇌수술 후유증
닥터가 내 눈과 마주치지 않고

더 좋아질 수 없습니다

갑자기 우르르~쾅쾅!
때맞춰 쏟아지는 소나기
유리창을 흔든다

아니다

절대 쓰러지지 말자고
더 이상 울지 말자고
침대에 쓰러지며 서럽게 울었다

오타를 치고

'청순한 소녀'를
'청소한 손녀'로
'요즘 어떻게 (지내느냐)?'를
'오줌 어떻게?'라고 취중 카톡

헛발길질로 기력을 빼앗긴
민망한 뒷그림자가 슬퍼질 때
글이란 쓰면 쓸수록
호랑이보다 무서운 것이라고

그래 실수할 수도 있다고
애써 다독다독
나에게 내 어깨를 내어 주며
루빈*의 잔을 들고 자위한다

* 루빈(Edgar Rubin) – 덴마크 심리학자. 전경과 배경. 관심의 초점이론.

불편한 친절

처음 만난 고객 접대
자세가 엉성하여
편하게 드시라고 자꾸 권했다

긴 옷 속의 구부러진 어깨
장애인 줄도 모르고
불편한 친절로 친절을 베풀고

마음 한자리 잡지 못한
얄팍한 종이 지식

깊은 틈새 흐르는
그 물소리 울음을
녹여내지 못했구나

견디기 힘든 것은

견디기 힘든 것은
몸 아플 때일까
마음 아플 때일까

인생이 늘 그랬듯
어이없는 오해로 인한 불신이나
믿었던 이로부터의 뒷말

다 아프고 아픈 일이지만
사랑하는 사람의 죽음만큼
가슴 아픈 일은 없을 것이다

영
원
한
이별이란 얼마나 시린 말인가

여백

미루어 놓은 미완성 작품
미처 다 채우지 않은 여운

꽉 찬 사람보다
다소 넉넉히
잔잔한 사람이 좋고
같이 울고 웃고 난 후
뒤돌아서 흉 나지 않을까
조바심 없는 사람이 좋더라

말없이
저녁놀 지는 그림자처럼
소리 죽인 하늘이 좋더라

11월은

벌써구나
심호흡 한 번 새 다가온

사랑 따고
행복 엮어
푸른 옹고집을 발효 시켜

빨간 동그라미에 촛불을 켜고
도곤도곤
갈무리 12월의 풍요를
기다리는 달

혼자가 아니야

작은 언덕
작은 나무에도

바람도 있고
구름도 있고
햇볕도 있고

늘 지켜 주시는
엄마별도 있고

혼자가 아니야

모른다

어서 커서 어른이 되고 싶다는
솜털 보송보송한 아이는 모른다

살진 비계
자기 잘난 밑천인 줄 알고
뒤뚱거리는 사람도
열정 없이
눈발처럼 차갑게 나풀거리는 사람도

살아온 날보다
살아갈 날이
더 걱정이라는 것을 모른다

하늘이 가까울수록
달콤하게 녹아내려야 한다는 것을

눈 발자국

뽀드득
뽀드득

난 좋아라고 밟았는데
넌
아파 울었구나

꽃을 사랑하듯
별을 헤는 마음으로
그 상처마저 사랑해야겠다

죽비

삭발을 한다

울어야 할 이유도 없고
우는 것도 아닌데
눈물이 나고
뜨겁지도 않은데
뜨거워진다

짐 내리는 연습

나를 때린다
나를 자른다
나를 버린다

호미의 일생

조상 대대로
이글거리는 고향

세상에 나오니
배냇꼽추가 되었다

세상을 한탄할 기회도 없이
투박한 손에 잡혀
오늘도
후비적후비적 풀을 뜯고 있다

이것이 팔자라면
굳이
살 도려내지 않으리
굽은 것이 나라면
뚜벅뚜벅
낙타의 길도 즐거이 가리라

하늘의 아들도 울었다

많고 많은 사람들 오고가는
번화한 길거리에서 물어보라
아픔 없는 이,
걱정 없는 사람 있는가
하늘 향하여 고래고래
울분 토하고 싶지 않은 이 있는가

삶이란 한 번쯤
자기만의 슬픔으로
울고 싶을 때가 있다

흘러가는 강물 잡고 울어라
“하느님, 나의 하느님,
어찌하여 나를 버리시나이까?”
하늘의 아들도 울었다

나가라

뭔가 허전하여 신열을 앓을 때
움츠리지 말고 밖으로 나가라
바람 불면 바람을 맞고
비 오면 비를 맞고

방 안에서 푸른 멸치와 소주병으로
혼자 궁상맞게 먼지 낀
개똥철학을 독백하는 것도 좋지만

서점에도 들르고
꽃집에도 들르고
성당에도 들르고

돌아가는 길에 친구를 불러
모닥불 지피는 것도 멋지지 않느냐
자글자글 자박자박

04
거북이 당신

메르스*

전파자는 누구냐
가뭄 논바닥처럼
갈라진
우리

의사도 친구도
악수조차 꺼린다
피아 구별 없는
백병전

당신은 어디로 가고
주홍글씨**의 낙인
두려움만 남는가

* 메르스 – 중동호흡기증후군
** 주홍글씨 – (미) 나다니엘 호손의 소설. '꼬리표 낙인'을 뜻한다.

가시아비

안타깝다
노들역 2번 출구 배수지 매몰
어둠에 숨진 많은 아버지들
고시공부 아들 뒷바라지 아버지도
비행깃값이 버거워
고향 한 번 가지 않았던
중국 동포도 우리들의 아버지
많은 별들 중 당신만
유별나게 떨어진 것이 아닌
나의 아버지의 아버지들
모두가
제 살 뜯어 먹인
애달픈 가시고기의 자화상

달아, 별아

정○섭
춘천, 파출소장의 어린 딸
논둑 강간살해범

우는 것도 사치다
경찰의 고문, 증거 조작
한 맺힌 감옥살이 15년 세월

아르고스*가 아니라고
눈물은 안 보고
잿밥만 보이던가
우는 소리는 안 듣고
군화 소리는 들리던가

어이없다
그들은 특진이라
달아, 별아

* 아르고스(Argos)– 그리스 신화에 나오는 1백 개의 눈을 가진 괴물.
1972. 9. 27 발생

도둑고양이

바람이 지나간 쓸쓸한 자리
배를 채워야 하는 간절한 기도

음정이 다르다고
눈빛이 다르다고
걸음걸이가 다르다고

처음부터 온전한
내 것은 없는데
그에게만
죄를 물을 수 없다

진짜는 따로 있다
거기, 그

소싸움

'국사 미화, 나부터
좌시 않겠다'

'현직 대통령 아버지 역사
미화하게 될 것이다'

집고 할퀴고 뜯고

게의 동족도
고양이 종족도 아닌데
발톱 세워 갈치 꼬리 문다

가까운 무당보다
먼 데 무당이 용하다
해 뜨는 나라
동방예의지국 어디로 갔느냐

탁란*

일찍이 친부모가 누군지도 몰라
가슴 절절 정 그리워
이웃 오빠 손 한번 잡았는데
핏덩이가 생겼네

내림인 줄 알았다면
사랑하지나 말 것을
다짐하고 다짐했건만
엄마가 그랬듯 나도 그랬다

그리워라 버린 자식
바람만 불어도 개개개
애달파라 어린 새끼

달빛만 흘러도 개개개

나를 흔든다

숲을 흔든다

* 탁란(托卵) - 어떤 새가 다른 새의 둥우리에 알을 낳아 자기 알을 품게 하는 것. 두견, 뻐꾸기, 개개비 등…….

등나무

한때는 죽어도
같이 죽는다고 많은 시간을 보냈다
햇빛 찾아 고실고실하게 흐르는
한줄기 바람인 줄 모르고
그냥 그 그늘에 매달렸다

엎드린 것도 아니고
누운 것도 아니면서
앉은 것도 아니고
선 것도 아니면서

칡이 왼쪽만 고집하듯
너 또한 오른쪽만 고집 마라
갈등(葛藤)으로 골 깊어
세상이 시끄럽다

거북이 당신

아무도 없는 적색 신호
뒤차가 경적을 울려도
조용히 정차하는 택시, 그도
싱싱 달리고 싶었을 것이다

욕설에도 안 들은 척
빠름에 길들여진 마음 다독거리며
봄날 멋진 꽃으로
피워 내고 싶었을 것이다

변칙을 앞세우며
주먹 쥐어지는 세상
묵묵히 원칙에 충실한 거북이

울고 싶도록 진한
사랑의 박수 보내고 싶다

침 11

세월호로 세월 보내고
역사책으로 역사 쓰는
정쟁아 물러가라
19대 국회 존재 이유 잃었다
국민은 배고프다
보아라
들어라
불교계 어른 자승 총무원장 말씀
막힌 곳 풀어 다행이다
명침이로다
혈이여
통하라

침 12

먼발치서 바라본 정경이
참 아름답다 찾았더니
악취가 코를 찔러

좔좔좔 흐르는 저 계곡으로
옮겨가니
소주병이 둥둥

당신 보시기에 참
부끄러운 이 무례

딱 좋은 가르침
똥침이 명침이다
혈이여
통하라

침 13

정말
자식 잘 둔 사람은 말이 없는데
꼭 이런 사람이 있다
꿈에라도 좋으니
자식 하나 갖기 소원인 사람
옆에 두고,
자식이라면 손사래 치는 사람
앞에 두고
개뿔에 자기 자식 잘난 것 없던데
끝없는 자랑
제발 그만두라고 그 혀에
쾅~~!
혈이여
통하라

침 14

흔들림 없는 잎이 어디 있고
눈물 없는 줄기가 어디 있느냐
땀 없는 꽃이 어디 있으며
아픔 없는 열매 어디 있느냐

퇴고(推敲)에
밤 새 끙끙
목과 어깨가 아파
침을 맞고 부황을 떴다
검은 피가 나온다

전에 미처 몰랐던
세월을 느낀다
중풍으로 침 맞으시던
별나라 아버님이 생각난다
혈이여
통하라

05

눈물을 허락하소서

엎드린 삶

살아가기 위해
광어는 오른쪽,
도다리는 왼쪽으로 엎드리지만
개기름 번지르르한 비곗덩어리
거들먹거리는 굽실거림에는
구토증이 난다

어린 딸을 살리기 위한 믿음
간절한 회당장 야이로*여,
열두 해 동안의 하혈을 멈추고
사람답게 살고 싶다는 여인*이여,
절실한 엎드림에 축복받으소서
외눈박이 사랑 당신이시여
자비를 베푸소서

* 마르코 5:22~

숙제하기

고(故) 김수환 추기경 말씀
'노점상 팔아 주기'
오케이

손 호호 불며 땡처리하는
할머니 앞 그냥 지나치지 못해
흔쾌히

붕어빵 사서 돌아 걷는 등 뒤로
"고맙습니다", "감사합니다"
작은 사랑 큰 기쁨
유쾌

오늘 경쾌, 내일 호쾌
임과 함께 상쾌
1일 1선 통쾌

질문

다 가질 수 없고
다 받을 수 없지만

그대는
시린 코 끝, 메마른 허공
날카로운 발톱으로 깡통 걷어차며
포효해 본 적이 있는가

이 외로운
이 슬픈
긴 기도
나는 누구냐고

알곡인가
쭉정이인가
당신의 누구냐고

사랑 주워 담기

당신은 온통 사랑이시기에
누구를 사랑할까
어떻게 사랑할까
깊이 생각할 필요 없다

우린 그저
배짱 두둑이 주워 담자
가자~~!
공기, 햇빛, 별…….
행복
사랑
그냥 주워 담으러

눈물을 허락하소서

가는 정이 아쉬워 바르르
가지 끝
한 잎 단풍에도

파란 하늘 한들한들
코스모스에도

콩나물 몇 잎 덤으로 올려 주는
할머니의 주름살에도

당신의 숨결을 느낍니다
눈물을 허락하소서
눈물에 취하게 하소서

그리스도왕 대축일에

맞고 찔리고
보기조차 민망한 흉측한 모습

내가 임금이라고
네가 말했잖아*

그리스도왕 당신처럼
내 나라도 이 세상에
속하지 않음을 인정하고
겸손하게 하소서**

낙엽처럼 아무것도
가져갈 수 없음을 알게 하소서
내려놓게 하소서

* 요한 18:33　** 요한 18:36

감사의 기도

이불을 곱게 개고
간밤 잘 잤다고
감사하게 살겠노라고

신발을 반듯하게 벗고
종일 메마른 밭 함께했다고
잘 살았노라고

너 아니면 누가
따뜻하게 해 줬고
너 아니면 누가 진흙탕 길
마다않고 걸었겠느냐고

함께해서 고맙다고
하늘 향해 두 손 모은다

누구에게 배웠느냐

누군가 정직을
누구에게서 배웠느냐고 묻는다면
아버지께 배웠고
아버지는
아버지의 아버지께 배웠노라고
그럼
아버지의 아버지와 윗 선조들은
누구에게 배웠느냐고
그것은 바람과 별과 나무, 꽃
강물에게서 배웠노라고
이들은 어디서 배웠을까
당신께 배웠을 것이라고
참이시기에 참해야 한다고

땅에 대한 소고

당신께서
한 처음 만물을 창조하시고
모든 이가 골고루
함께하게 해 주셨다

너도 죄인
나도 죄인

욕심 많은 인간이
네 땅, 내 땅 나누고
금수강산 잘린 허리
나는 새도 울고 넘어

로드킬* 없이 넘나들 때
보시기에 참 좋은
사람 같은 사람이다

*로드킬(roadkill)- 동물이 도로, 철길을 횡단하다 치어 죽는 것

스승

정직한 농부, 땀의 아버지
인내를 가르쳐 주신 어머니
청빈과 정결의 수녀님
자애와 순명의 신부님
풀과 바람과 하늘과 별…….

나의 인도자
세상을 살아가게 한 원동력
지금도
앞으로도
언제나 큰 나무
그늘에 감사한다

06

아들에게 보내는 편지

편지1: 담쟁이

아들아,
어느 날 나타난 커다란 벽 앞에
다리가 휘청 풀리더라

천 리 길도 한 걸음으로부터
다시
서로
디딤돌 되고
받침돌 되어

아무리
찬바람이 거세게 불지라도
지난 아픔 두레박질하면서
손잡고 같이 가자

편지 2: 벌새*

아들아,
하늘도 안 보이는 첩첩산중
맨몸으로 살아가기 위해서는
부지런히 움직여야 한다
실망하지 마라
실망하지 마라
하고자 하면 방법이 생긴다
보아라 벌새를
아기 손가락보다 작지만
호시탐탐 노리는 포식자를 피해
동에 번쩍 서에 번쩍
1초에 아흔 번의 날갯짓
남과 같이 해서는 남보다 못한다
잠자지 말고 꿈 꿔라

* 벌새 – 크기 21.5~50㎜로, 1초에 90번 정도 날갯짓을 한다.

편지 3: 굼벵이

굼벵이는
다들 서둘러야 한다고 할 때도
자기만의 독특한 재주로
먼 훗날 그늘에 앉아 노래할
자기의 새 세상을 꿈꾼다
빠른 세상이지만
뒤처졌다고 조급해 하지 말고
때로는 적당히 쉼표를 즐겨라
각진 박재를 탈피하여
빠른 듯 느리게, 느린 듯 빠르게
한눈팔지 말고 꾸준히 하라
게으름은 한여름에 옷 벗듯
저 멀리 훌랑 벗어던져라

편지 4: 달팽이

달팽이 꿈을 꾸면
기다리던 일이 이루어진단다
네가 이룰 세상
달팽이가 바다를 건너듯
결코 우연한 일이 아니라
땀으로 이뤘다고 말하라
세상일 하고자 하면 와우각상*이다
와려**라 할지라도
달팽이 눈***은 되지 마라
아무리 힘들어도
산더미만 한 집채를
등에 메고 살아가는
달팽이만 하겠느냐

* 와우각상(蝸牛角上) –세상이 좁음을 이르는 말.

** 와려(蝸廬) – 초라한 집이나 자기 집을 겸손하게 이르는 말.

*** 달팽이 눈 – 핀잔을 받아 기운을 펴지 못함.

편지 5: 허수아비

보아라
풍성한 가을 들판 지킴
말없이 말한다
그저 흔들흔들하는 것 같지만
다 내려놓고
닷곱에 참녜 서 홉에 참견*도
고추 먹은 소리 안 한다
뚜렷한
제 가치와 사명으로
찾아오는 친구들을 맞는 것이다
보이지 않게
콩콩거리는 가슴으로

* 닷곱에 참녜 서 홉에 참견 – 쓸데없는 일에 간섭하는 것.

편지 6: 게

아는 것도 중요하지만
실천은 인생의 큰 길이 된다
어영부영하다가는 어느 순간
마파람에 게 눈 감추고
구럭까지 잃는다
나는 '바담 풍' 해도
너는 '바람 풍(風)'이라고
정작 본인은 게걸음하면서
남에게 똑바로 걸으라 하는 것은
눈물 나게 하는 일이다
시간에 대고 맹세하라
습관은 운명이 된다 아들아
핸들을 바로 잡아라

편지 7: 풍선

잘난 척
아는 척하는
부푼 거드름

구멍은 깎을수록 커지는 것
까마귀가 열두 번 울어도
까옥 소리일 뿐이다

중독된 독버섯처럼
하늘을 오르다가 바람 빠지는
순간
그지없이 초라한 모습
여정에 가정 먼저 버려할 것이니라

편지 8: 시계

아들아, 째깍째깍
해가 간다 사람이 간다
일생에 한 번쯤 칼 시각 붙잡고
독하게 살아 보는 것도 보람찬 일
그 열매 또한 풍성할 것이다
날아간 새는 다시 올지라도
한 번 가 버린 시간 영원히 영원
어차피 할 일이라면 미루지 말라
일 못하는 것은 이해하지만
시간 아까운 줄 모르는 사람과는
동업하지 마라
이런 사람는 멀리해도 좋다
미루면서 다음에 보자는 사람
무서울 것 없더라

편지 9: 흙

빚어 시작이요
죽어 마칠 귀착지
언제나 발아래 낮은 곳이어라

아들아
존재하는 누구나 누구에게나
겸손해야 한다고

한 덩어리
사랑이요 생명의 터전
나눠야 한다고

돌아갈 고향
경외한 신의 걸작

편지 10: 연어

아들아, 대대로 내림
이게 우리인 것을

삶이란 독한 상처를
끌어안고 가는 것이라 무엇인가
깊이 넣어 두지 않으면 외롭고 슬프다

발가벗겨 뱃구레에 찔린 상처를 안고
오래전 떠나온 고향 이제, 옹골차게
파닥거리며 돌아가리니
잘 살아야 한다는 목소리에
흘러버린 시간들을 쥐어 잡고
다시 다짐한다
항상 뜨거워야 한다고
그곳이 저 앞이라고

편지 11: 달

스스럼없이 마실 오는 친구를
정성껏 맞아들이되
그렇다고 속내 다 펼치면
먼 훗날
화근이 되는 수가 있다
피천득은 「인연」에서
'어리석은 사람은
인연을 만나도 몰라보고
알면서도 놓친다'고 했다
말로는 쉽지만
그리 쉽게 알 수 있겠느냐만
부지런히 몸과 마음을 닦고
찬 듯 부족한 듯
겸손으로
조심스럽게 인연을 맺어라

편지 12: 누에

아들아, 누에는
스스로 벽을 쌓는다
세상과
단절되는 줄 알면서도
자기만의 절대 고독으로
덕지덕지 낡은 세월을 버린다
고(故) 스티브잡스 버금가는 CEO
제프 베조스*는
지혜롭지 않은 사람과 어울리기에는
인생이 너무 짧다고 했다
친구가 재산이지만 다 친구는 아니다
끝까지 함께할 수 없을 때
무거운 짐 내려놓듯
잠깐 내려놓는 것도 지혜로운 일이다
별까지 가기엔 너무 멀기에

* 제프 베조스(Jeff Bezos) – 미국 아마존의 창업자

편지 13: 국화

겨울이 없다면
어떻게 포옹의 따뜻함을 알며
무엇으로 기쁨을 알겠는가
아무리 노력해도 선뜻
좋은 결과가 나오지 않는다고
좌절하지 마라
모든 일은 끝나야 끝나는 것
다들 봄 여름
일찍이 피우고 시들 무렵
느지막이 등장하는 멋스런 주인공
된서리에도 그 고고함
눈을 맞으며 피어 있다
아름답지 않느냐
보아라 개선장군을

편지 14: 거북

아들아
사람은 늘 흔들리는 바람
근심 없는 사람 몇이나 있겠느냐
거북은 천적이 나타나면
몸 안으로 머리를 넣고
죽은 척 잠시 쉰다
열심히 하다가도 힘이 들면
정중동(靜中動)해라
창조적인 밑천이 될 것이다
두려워 마라 조급해 마라
소낙비에 잠시 쉬고 다시
부드럽고 유순하게
묵묵히 가다 보면 길이 보일 것이다

편지 15: 팽이

삶은
개척하며
이겨 내는 자의 것이다
아무리 세상이 힘들게 돌릴지라도
곧추서서 외쳐라
회초리 자국 벌겋게 내고
내 몫은 내가
중심 잃지 않을 거라고
힘차게
힘차게 살 것이라고
자기를 잃으면 모든 것을 잃는다고
크게 출렁이는 바다를 안고 외쳐라

편지 16: 누름돌*

내 가슴에는 새까맣게 탄
돌 하나 있지
산다는 것은 아는 것도 아니요
모르는 것도 아니다
목이 긴 사슴도 눈망울 깜박이며
울고 싶을 때가 있을 것이다
나무도 뚜벅뚜벅 냇가로 가
뼈까지 몰아치는
눈물을 씻고 싶을 때 있을 것이다
병상의 파리한 실핏줄 같은 기타도
회한에 떨 것이다마는
끓어오르는 불을 억누르고
열매를 맺어야 하기 때문에
가지고 있을 것이다
너도 깊이 간직해야 할 것이다

* 누름돌 – 독 안의 절임 김치를 누르는 데 쓰는 돌

편지 17: 돼지

아들아
머리숱이 희끗해져 가니
내 자신을 이해하며
용서해야 할 일이 많더라
허리띠를 졸라 맬수록
돼지는 배가 부를 것이고
따라서 네 배가 부를 것이다
쌀도 독 긁는 소리 나기 전에 아끼고
시간도 있을 때 아껴야 효율적이다
모든 것은 순간이다
지나가는 세월 잡고
탄식한들 무슨 소용이랴
있을 때 잘해라
정성으로 살진 게 네 미래이다

07

별까지 걸어서

강

네가 있어
헤어지지 않았다
네가 있어
아주 그리웠다

소매 긴 옷 단추 풀고
앞치마 속 깊숙이 감추어 뒀던
그리움은 흘러 너에게 가고

기다림에 지쳐
사랑한다는 말은 너무 흔해
그냥
건너고 싶다

벤치

낙엽
하나 둘
이별 준비하는 가을도

호호 따끈한 군밤
눈보라 겨울도
당신 자리로 남겨 두겠습니다

쓰린 가슴 애틋하게
울고 싶은 날에도
웃고 싶은 날에도

그리움으로
기다리는 행복 안고
여기 있겠습니다

마음은 벌써

가야 할 일도 아닌데
가고 있습니다

오라는 것도 아닌데
가고 있습니다

줄 것 없어
밤샘 보따리 하나

그 이름
그리움으로 채워
마음은 벌써

아침이 열리기 전
이미
달려가고 있습니다

아니었는데

그러기에

그러기에
애당초

문 두드릴 때
들어오지 말라고

내 아린 점 하나
편히 놓지 못해 헤매는데
그대까지 울게 할 수 없어
아니라고 했는데

정말 아닌데
정말이었네

낙엽

잊힌 줄
알았습니다

잊으려 해서
그런 줄 알았습니다

끝자락에 머문 한 잎
아직
바르르

비로소
아닌 줄 알았습니다

차마
잊을 수 없는
잊기엔 슬픈 몸짓인 것을

목련꽃 그리움

한겨울 눈바람에도
울지 않았습니다

봄 햇살
순백으로 빛날 때
마냥 따뜻했던 눈길

내내 안 변할 줄 알았는데
한 계절도 바뀌기 전
이미 오뉴월 감주가 되었네요

정마저 가져가시지
별들이 숨은 까닭
이제야 알았습니다

모란시장에서

버겁거든
가파른 언덕길 넘고 돌아
모란 시장에 와 보라

힘 흘리는 개와 꽁지 빠진 닭
하얀 배 뒤집고 흐느적거리며 죽음 앞둔
물고기들을 보아라
아무리 힘들지라도 이보다 더하느냐?

눈물도 뜨겁고 찬 것이 있으며
단청도 화려함 뒤에
어둔 그늘이 있음을 알라
질펀한 품바에 울고 웃고
장 한 바퀴 돌고 나서 다진 마음
사자 굴*에서도 무사하리라

* 사자 굴 – 다니엘서 6:10-27

운다고 온다면

그만 울어라
뚜루르또루르 풀벌레 운다고
추적추적 비 내린다고
너까지 우니

바람은 다시 올지라도
기차처럼 떠난 사람 다시 오지 않는다
운다고 온다면
나도 매일
바케쓰 옆에 놓고 펑펑 울겠다

계절이 몇 번 바뀌어도 슬픈 것은
그리움보다 네 설움
가슴에 묻고
차라리 바람 되어 만나라

별까지 걸어서

그대 앞에서만은
절대 진실이고 싶다

울고 웃으며 남몰래
저 높이 걸어 둔 별
달빛 은은할 때 달아 주고 싶다

좋아한 만큼 열 개
그리운 만큼 백 개
사랑한 만큼 천 개

훨훨 날고 싶은 만큼
별까지 걸어서 따온 진실
목에 걸어 맹세하고 싶다

꽃집 앞에서

사무실 옆 꽃집에서
푸르게 나무들이 자라는 것도
앙증스럽게 꽃들이 피는 것도 본다

큰 꽃 작은 꽃
노란 꽃 하얀 꽃

입술 타면서도 방긋
가슴 젖으면서도 활짝
다들 아무 말 없이도
이쁘게 자랑을 한다

나는 이들 앞에서
칠팔월 생선 같은 비릿한 가면을 벗고
천사의 마음으로 기도를 한다
그대를 닮고 싶다고

닮게 하소서

당신 닮게 하소서

나쁜 것
안 좋은 것 멀리하고

하늘 빛 고운 소리
새 소리 달빛 소리
하하 호호 웃는 소리
따라 웃고 함께 웃고

모든 생각 모든 행동
좋은 것만 보고 듣고

당신 닮게 하소서

큰누님

늘 객지 어린 아들인 양
노심초사 지켜보시는 큰누님의 전화

“티비 봉께 요새 장사들 안 되것드라
이럴 때 복덕방도 잘할라면
아끼는 것도 좋지만 너무 인색해도 안 좋아~~
나눠 묵고 그래야지
홍어 쬐깐한 것 한 상자 보냈응께
친구들과 같이 묵고
택배비도 내가 냈고
앗따~~ 거시기 머냐…….
초장도 흘리지 않게 잘 싸서 넣었응께~~”

삭으면 삭은 대로
톡 쏘면 쏜 대로
역겨움도 받아들이면서
홍어 같은 세상 포용하며 살라고

징검다리의 기도

주여 내가 알고 있는 세상
가볍게 보아 온 타인들의 삶이
서로 각기 다르다는 것을 알게 하소서

얼음장 아래 돌돌돌 흐르는 물에도
아픔이 있다는 것을 깨닫게 하소서

이쪽저쪽 네 편 내 편
꽁꽁 언 마음일 때
서로 자유롭게 넘나들어
소통으로 통하는
디딤돌이 되게 하소서
그리하여 마침내는
화합의 장을 이루게 하소서

추억의 어머니

꿈이라도 좋다

사각거리는 대나무 울타리
앞마당에 죽나무
뒷마당 단감나무와 장독대
배고픈 설움 제일 크다며
항아리, 항아리 가득 채우셨다가
5월 보릿고개 호남선 종착 앞에 두고
기차마저 헉헉거릴 때
뚜껑 열어 나누시던 손
빨개서 좋았는데
오늘 밤 꿈에
봉숭아 물 예쁘게 들여 드리고 싶다

아카데미 미술전 입상작
작가 정해남

08

우정 시(詩)

오늘을 잘 살아라

– 정재칠

살아온 지난날의 답이
오늘이라면
오늘 나의 삶에서
내일을 볼 수 있으리

누구나 나만의 삶이 있는 것
좌우 눈치 보지 말고
오직 너만의 색깔로
향기로 그렇게 살아라

그것이 진정한
아름다운 삶이다
귀뚜라미 제 삶을 노래하는 이 밤
은하수도 아름다워

천 년 지 기

– 도혜 김혜진

거침없이 흐르는 물이라서
한결같은 사랑인가요

태산 같은 바위라서
두고두고 변치 않을 사랑인가요

지나간 수많은 고비마다
힘이 되어 준 그대 있어 행복했다오

태양 같은 열정으로 앞서 끌고
달빛 같은 미소로 다독이며

때론 매서운 한풍으로 몰아치고
살랑이는 춘풍으로 위로해 가며

반평생을 지나 왔다오
그대와 나 영원한 천년지기로

사랑이었나요

– 김경휘

나비 한 마리
나폴나폴 날아와
꽃에게 입 맞추었어요
꽃의 설렘은 사랑이었어요

나비는 날아가 버렸고
그 나비의 입맞춤 잊지 못하는
서러운 꽃의 마음
끝내 눈물로 흩날리네

속병

– 혜연 손정애

헛됨을 용서치 못하는 성숙된 시간
몹쓸 세상의 찌꺼기가
무소유의 외침을 뿌리째 흔들고
파란 잎을 떨군 채 하늘을 울린
마른 나무들은
저리는 계절의 냄새를 풍긴다

푸른 창파를 갈망하던 세월도
녹슨 시간 앞에 고개 숙이고
이를 악물고 삼킨 덩어리가
속을 헤집고 긁누나

그리운 얼굴

– 어성달

창에 비친 얼굴을 본다
내가 너무 빨리 늙었다는 생각이 든다
다시 뒤를 돌아본다
꽃들이 만발하게 핀 공원벤치에서
초록빛 스카프를 맨 여인이 바라다본다
그 여인도
자신이 너무 늙어 버렸다고
생각할지도 모른다
가슴을 달래는 저 미소
그래
저 미소는 젊은 날
꽃집 창가에 비치던 그 누구의 것이다

산수유*

– 한재호

엷은 노란 물감 품어
하늘 곳곳에 뿌려 두고
송이송이 내밀어
그리운 임 반기니

시샘 많은 봄바람
연분홍 치맛자락 들추며
추억 담기에 바쁘다

수줍게 피어오르는 미소는
영원한 사랑

저마다
지지 않을 영원을 약속하며
노오란 하늘 드리운 그 봄을
가슴에 새긴다

* 산수유 – 꽃말 '영원불멸의 사랑'

사노라면

– 혜련 오진숙

몽실 구름 사이로 조가비 빛이
숨 멎을 듯한 황홀경을 이끌고
멀리 고운 빛깔 무지개 꿈으로
스물거리며 내 품에 안긴다

당신을 안은 첫날의
떨림 그 설렘이 이랬을까

수많은 시간 강산이 바뀌고
눈가에 주름이 하나둘 늘어도
그저 좋다 말할 수 있으면 좋으련만
쓸쓸한 노을빛 가을만큼 아프고 서럽다

사랑은 변함이 없는데
알지 못하는 사이

당신과 난 너무도 멀리 와 버려
그냥 무덤덤하게 사노라 말하리라

그냥
사노라고

가을날의 이별

– 김순임

달콤했던
황홀했던

가지마다 짊어진 생의 무게
한 가닥 바람에 진다

수북하게 비워 낸 갈잎의 잔재
이별이라고 슬프기만 하던가
쏟아 비워
갈 때를 알고 있는 뒷모습
아름답지 않은가

가만히 눈을 감고 있노라니
다시 올 그대가 웃고 있다
나도 따라 웃는다

커피 한 잔의 그리움

– 청하 유동환

모락모락 피어오르는 향은
먼 날의 잔상으로 스며
이미 넌 내 곁에 있다
추억 속의 커피는 달콤한데
정작 너의 맛은 쓰다
그렇지 그때 그 맛!
네가 먹던 둘둘 셋*으로
비로소 달콤하다

* 둘둘 셋 –커피 둘, 우유 둘, 설탕 세 스푼

그리움

– 배종숙

비바람 소곤거리는 소리에
잿빛 안개 몰려와 단잠 깨우면

홀로 나뒹구는 잎사귀에
애틋이 되살아나는 추억
신작로에 기대 선다

해진 설움 움켜쥔
보고픔이 외로움 되어
먼 기억의 저편에
눈송이로 나풀거리고

봇물처럼 흘러내리다
새하얗게 스멀스멀 차오르는
상념들은
기다림의 발치에 와 우짖고 있다

고사목의 독백

– 한상임

보라
나에게는 아직 아름다운 미련이 있어
이 산자락에 우뚝 서
오고 가는 그대의 발길을 멈추게 한다

이미 죽어
푸른 잎을 잃었지만
그래도 친구들의 정기를 받아

날아가는 새도 멈추고
산짐승마저 숨을 고를 때

보송보송
사랑하는 이에게 안기듯
예쁜 꽃으로 피어나고 싶다
눈송이 휘날리는 날에

행 복

– 미유 이인옥

툭, 불거진 씨앗이
땅에 떨어져
몽글몽글 퍼지는 순간

톡, 열매가 터져
세상을 향기로
방울방울 퍼트리는 찰나

꽉, 날아올라
헤매지 않도록 누름돌이
자박자박 잡아 주는 힘

쿡, 가슴에 박힌 화살
두근거리는 심장
건드려 주는 환희

그리운 별에게

– 안귀숙

내 무슨 인연으로
별을 그리워하고
별은 왜 찾아오는가

기억보다 오래전
저 별들로부터 도망쳐 잊혔다면
어떻게 다시 돌아갈까

한줄기 눈물에 기대고 싶은 날
아무에게도 속하지 않는
저 멀리 아스라한 그대를 본다
풀지 못한 비밀이라도
남아 있나 찾아봐야겠다

맺 음

귓속말

모 후배의 글
'하고자 하는 사람은 방법을 찾고
하기 싫어하는 사람은 핑계를 찾는다'

많은 어려움 속에도
출간을 위해
변명도 핑계도 없이 강행했습니다
제1집
「별까지 걸어서」에서
'별'은 이상, 꿈, 희망, 사랑, 하늘 등이고
'걸어서'는 현실, 땀, 고통, 지상 등을 뜻합니다

별이 반짝거리기 위해서
무대 위에서 울고
남모르게
뒷마당에서도 웁니다
사람은 태어나는 순간부터 울음의 연속이지만

때로는 울고 싶어도 울지 못하고
감추고 사는 사람이 많습니다
눈물도 크나큰 은총이지만

그렇다고 늘
울고 있을 수만은 없습니다
슬픔을 기쁨으로
어둠을 밝음으로
실망을 희망으로 바꾸고
잃어버린 꿈을 잡도록 하기 위해
제2집은 「그대는 꽃이다」로 지었습니다

그래
그대는 꽃이다

감사합니다